# DE LA
# NATURALISATION
## EN ALGÉRIE

PARIS. — TYP. WALDER, RUE BONAPARTE, 44.

DE LA

# NATURALISATION

## EN ALGÉRIE

(Sénatus-Consulte du 5 juillet 1865)

MUSULMANS, ISRAÉLITES, EUROPÉENS

PAR

**J. E. SARTOR**

Licencié en droit.

PARIS

RETAUX FRÈRES, LIBRAIRES-ÉDITEURS

RUE DES GRÈS, 13.

—

1865

# DE LA
# NATURALISATION
## EN ALGÉRIE

## I.

Le sénatus-consulte relatif à l'état des personnes et à la naturalisation en Algérie est conçu dans un ordre d'idées fort large, et il faut le reconnaître, grâce à l'esprit qui l'a dicté, il serait difficile d'accorder plus de faveur. C'est aussi un acte de bonne et franche politique qui fait honneur à ceux qui les premiers en ont pris l'initiative.

Le législateur se trouvait en présence de deux difficultés pressantes : Ne point imposer la loi à ceux qui ne voulaient pas la recevoir; accorder avec sagesse ses bienfaits à ceux qui voudraient en profiter.

Si par une disposition générale, l'assimilation avait été prononcée *de plano*, ainsi que le conseillaient quelques personnes; si, poussé par une aveugle bienveillance, le sénatus-consulte avait accordé la jouissance de nos droits et de nos institutions civiles au Musulman et à l'Israélite, on se serait mis en contradiction avec des usages qui se sont transmis depuis un temps immémorial dans tout l'Orient; et la force des mœurs, des traditions, aurait fait une lettre morte de ces dispositions législatives. Au reste, ce n'est jamais sans danger que l'on lutte avec les usages adoptés, quelque défectueux qu'ils soient, surtout lorsque ces usages favorisent les passions et la faiblesse de nos sens.

Les bases sur lesquelles s'appuient chez l'indigène l'économie et la discipline domestique, ses idées sur les devoirs du mariage, sur la puissance paternelle, auraient été violemment rompues, et ce que nous nous plaisions à considérer comme un bienfait n'aurait été peut-être que des rigueurs pour ceux qui devaient en être l'objet.

Il aurait fallu renverser les idées des peuples qui habitent l'Orient sur la polygamie qu'ils regardent comme si naturelle, et que nos sentiments repoussent si sévèrement; sur l'autorité du père à l'égard de ses enfants, sur la condition de la femme, sur la répudiation, peut-être sur les droits à la succession, et en présence de ces changements, de ces restrictions quelquefois sévères et cependant conçues dans un ordre d'idées naturelles et philosophiques, l'indigène aurait pu se plaindre de ces lois imposées sur-le-champ. Ces lois en effet brisaient avec tout ce que le passé avait de plus respectable, et opéraient une réforme complète dans la tradition des souvenirs.

D'un autre côté, si le législateur s'était laissé aller à un esprit de conciliation, il eût été dangereux, dans ce compromis, de céder sur certains points. Il aurait soulevé de grandes difficultés, et par suite de l'unité et du magnifique enchaînement de notre législation, à chaque instant, avec ces lois, tantôt rivales, tantôt abâtardies, les tribunaux se seraient trouvés en présence de difficultés, d'obstacles de toute sorte, et nous eussions eu le triste spectacle de juges obligés de punir et d'excuser à la fois.

## II

Que fait le nouveau sénatus-consulte? Il a voulu laisser la plus grande liberté à la volonté individuelle. La France est allée plus loin. Comme une tendre mère, elle a voulu convier à sa gloire les peuples qu'elle abrite sous ses drapeaux. Elle a voulu, comme dans l'ancienne Rome, accorder le droit de cité à des alliés fidèles et dans les articles 1 et 2 du S.-C. se trouve posé ce principe : L'indigène musulman est Français, l'indigène israélite est Français.

Ce titre entraîne déjà avec lui de nombreux priviléges, mais, grâce à un mobile plein de générosité, c'est la première fois qu'un sens plus large a été donné à cette glorieuse qualification. La loi même, en accordant de nouveaux bienfaits, n'a pas voulu imposer comme conséquence naturelle certains devoirs qui ne sont après tout que les corrélatifs nécessaires de certains droits.

Maures, Arabes, Turcs, Kabyles, Mozabites, Israélites, habitants des Aurès et du Sahara, désormais plus de distinction entre vous, vous êtes Français, vous êtes nos frères, vous faites partie de ce peuple initié depuis longtemps au secret de la victoire, et dont les aigles majestueuses ont plané sur les contrées les plus lointaines. Ce titre n'est pas un vain mot, et celui qui invoque cette qualité en présence de difficultés ombrageuses ne l'invoque jamais inutilement.

l'intérieur, ce titre implique déjà une idée

d'extrême protection et une jouissance de droits à jamais assurée. Ces droits existaient déjà d'une manière virtuelle, mais ne se trouvaient encore nulle part sanctionnés dans toute leur solennité. A l'extérieur, il suffit, grâce à notre influence morale et à une salutaire terreur, pour qu'aussitôt le respect s'impose; et nos consuls, nos ministres, nos ambassadeurs sont obligés de veiller à ce que cette qualité ne soit pas inutilement réclamée.

« L'indigène musulman est Français, l'in-
« digène israélite est Français; néanmoins il
« continuera à être régi par la loi musul-
« mane ou par son statut personnel. »

Libre à lui de suivre ces lois, il en a le choix. Le titre multiple de Français se trouve affirmé légalement, voilà déjà une des faveurs du S.-C., et si nous ouvrons le code Napoléon, on y trouve écrit ce grand principe : que tous les Français sont égaux devant la loi. Riches, grands, puissants, petits, pauvres, faibles, trouvent devant ce régime égalitaire les mêmes faveurs et les mêmes châtiments. Cette qualité donne le droit d'acquérir, le droit au bénéfice de cession de biens dans les circonstances et aux conditions autorisées; dispense de ces conditions rigoureuses auxquelles sont soumis les étrangers pour l'exécution des jugements; relève de la dure nécessité de fournir caution à laquelle ils sont astreints quand ils veulent introduire une instance soit comme demandeurs, soit comme défendeurs; enfin, en accordant le droit de remplir certains emplois de confiance, elle assure la liberté civile et tous les avantages qui en sont inséparables.

## III

Nous ne sommes plus au temps où les pays conquis étaient traités en pays ennemis, où les vaincus servaient aux caprices des vainqueurs et étaient obligés de subir les lois qu'il leur plaisait d'imposer. Quelle a été notre conduite en Algérie? Nous avons recueilli la succession des Turcs et d'une foule de petits satrapes. Sans nous flatter, si nous en appelons aux tristes souvenirs de leur domination, les esprits les plus prévenus sont obligés de reconnaître quelle différence heureuse il existe entre leur administration et celle de la France.— Vos pères s'en souviennent encore, et des récits qui s'échappent de leur bouche, il est facile de penser que les vertus comme les vices étaient le prétexte d'une politique ombrageuse. — C'étaient des temps de calamités et d'orages où tout se décidait par la force du yatagan, où la justice chômait habituellement, et où les lois n'avaient aucune sanction. Nulle sécurité pour la propriété, nulle garantie pour les personnes. — Il était de principe que la terre appartenait au dey, qui seul avait le droit d'en tolérer la jouissance et d'en disposer au profit de ceux qu'il voulait favoriser. — Aussi, dans la crainte de se voir dépouiller, les indigènes faisaient des donations, soit aux mosquées, soit aux établissements religieux, qui avaient le privilége de rendre inaliénables tous ces biens, et moyennant une redevance assez élevée, le légitime propriétaire avait le droit de pouvoir cultiver, à titre de fermier, ces champs qui désormais faisaient partie d'un domaine religieux.

Tous les jours on était exposé à se voir sans motif jeté dans les prisons et dépouillé de ses biens. La raison d'Etat, mot plein d'élasticité, était le seul prétexte qui ordinairement était invoqué.

Dans cet état d'hostilité entre tribus qui généralisaient des haines particulières, le devoir du chef devait être de chercher à concilier, mais il en profitait pour étendre de plus en plus son pouvoir tyrannique. Le peuple languissait dans l'esclavage ; tel qui brillait aujourd'hui, était abattu le lendemain. Des luttes meurtrières, des trahisons indignes, des délations pleines de bassesses, une armée de bandits sans foi ni loi, avaient

2.

jeté ces contrées dans une épouvantable anarchie. Hélas ! notre pays a vu longtemps au moyen âge de semblables spectacles. Quelques grands se partageaient le pays et le conduisaient au gré de leurs caprices. — Ils allaient frappant, emprisonnant, pressurant d'impôts ceux qu'ils regardaient comme nés pour servir à leurs bons plaisirs. Quelquefois, à de rares intervalles, un roi animé d'amour pour son peuple s'élevait avec majesté, mais son autorité se brisait bientôt devant la résistance de ces grands seigneurs, trop forts pour ne pas lui désobéir.

Sans doute, des intérêts chers à quelques-uns ont été blessés, mais que sont-ils en présence du bien général? On ne peut satisfaire tout le monde, et les meilleures innovations trouveront toujours des contradicteurs.

Nous le voyons à chaque instant, et malheureusement ces regrets ne se bornent pas toujours à de simples récriminations. Il y a quelques années, il existait dans le Sahara algérien une corporation puissante, connue sous le nom de *puisatiers*, qui avait seule le privilége de veiller à l'entretien des puits. Les travaux de ces ouvriers devenaient de plus en plus incertains et suffisaient à peine, par suite de sécheresses qui se prolongeaient, à procurer ce qui était nécessaire à la consommation. Chaque année c'étaient les mêmes incertitudes et les mêmes craintes qui étaient à redouter. D'un autre côté, les sables montaient tous les jours, et malgré les murs en terre qui protégent les jardins des oasis, on prévoyait que le temps ne serait pas éloigné où les populations seraient obligées d'en abandonner certaines, par suite de ces continuels envahissements.

Des détachements de soldats furent envoyés, sous la direction de quelques ingénieurs, pour creuser des puits artésiens. Les sondages réussirent au delà de toute espérance, et bientôt de véritables ruisseaux portèrent la joie et la richesse au milieu de ces populations émerveillées. Notre nom était béni, on nous regardait comme des sauveurs, mais nous avions blessé les intérêts des puisatiers. Privés de leurs priviléges, ces hommes se réunirent à quelques chefs mécontents ; ils intriguèrent, et, par de sourdes menées, parvinrent à jeter le trouble au milieu de ces populations qui naguère nous avaient accueillis comme des bienfaiteurs. Une grande partie du Sud fut sur le point de se laisser aller à un soulèvement, mais grâce à l'énergie d'un général connu, qui avait sous son commandement cette partie de nos possessions, une colonne expéditionnaire suffit, et bientôt toutes les oasis firent leur soumission, comprenant trop tard qu'elles s'étaient laissé entraîner par des mécontents, dont le but était de ne servir que leurs propres intérêts.

Désormais, la déclaration du sénatus-consulte met fin à toute interprétation, à toute incertitude, et cette qualité invoquée déjà par beaucoup d'indigènes dans leurs rapports journaliers ne donnera plus lieu à aucune controverse. L'indigène faisait déjà partie de la nation française, mais ses droits n'étaient point écrits au milieu de nos plus belles lois, dans ces lois qui ne changent pas et qui ne sont pas exposées aux caprices des révolutions et des constitutions, ou bien aux suites de quelque nouvelle administration. Le sénatus-consulte porte dans ses dispositions ce qui forme le caractère essentiel des lois civiles, c'est-à-dire qu'il a le mérite de se référer à un intérêt général et d'embrasser un avenir lointain. Ce n'est pas une de ces lois d'administration ou de finance que le besoin réclame et presse à grands cris.

Si l'indigène se trouve satisfait des premiers avantages que la loi lui confère, si la majorité redoute dès aujourd'hui de rompre avec les traditions, si les besoins, les mœurs quelquefois patriarcales, si la constitution de la famille veulent encore que quelques-uns aient dans certains pays plusieurs femmes pour les besoins de la tente et de la vie nomade, un jour, nous en avons la conviction, grâce à l'éducation, grâce à des instituteurs rétribués avec largesse, et dont l'autorité serait relevée par quelques autres fonctions, une heureuse révolution s'opérera chez ce peuple qui, malgré sa décadence, se ressent encore des grandes qualités de ses *ancêtres*. D'un autre côté, en présence des avantages obtenus par ceux qui déjà n'auront pas redouté d'adopter dans leurs pratiques tout ce que peut avoir de noblement sévère la constitution de la famille chez l'Européen, en présence de la vie, de la prospérité, de l'ordre qui règne dans une maison française, tout cela donne lieu d'espérer que les indigènes seront obligés de reconnaître quel présent on vient leur offrir en leur accordant des lettres de bourgeoisie. L'Arabe est très-sensible aux séductions du commandement, et l'espoir d'arriver à une haute position sera d'un grand attrait pour une ambition légitime qui pourra se réaliser au prix d'un semblable sacrifice, si l'on peut appeler un sacrifice ce qui doit être la source de nombreux bienfaits.

## IV

Le second paragraphe de l'art. 1er dispose ainsi :

« L'indigène peut sur sa demande être ad-
« mis à jouir des droits de citoyen français,
« dans ce cas il est régi par la loi française. »

Dès le moment où l'indigène a décidé de demander la naturalisation et qu'il l'a obtenue, dès ce moment un changement complet s'est opéré dans son état et sa personne.

Dès ce moment il a rompu avec ce que le passé peut avoir de contraire avec la loi française, et il ne pourrait invoquer certaines coutumes sans se mettre en opposition avec l'esprit de nos institutions civiles.

Au reste, il ne serait pas difficile d'établir que les grandes différences qui paraissent exister entre nos habitudes et les usages suivis relativement à la famille ne blessent en rien l'esprit soit du Coran, soit du Talmud. Ce n'est après tout que l'abdication d'une tolérance que ces livres remarquables accordent, et qui offrent l'occasion de montrer une intelligente abnégation. N'est-il pas beau de voir l'homme en présence de la passion qui le pousse et du devoir, qui à son tour s'impose à son esprit, briser avec ce que les usages, la religion l'autorisent difficilement à faire, pour ne suivre que les lois d'une sage raison? Cette contradiction se trouve dans le mariage des Musulmans et des Israélites, et c'est le seul point qui puisse arrêter certains indigènes.

Les idées des habitants de l'Orient, au sujet de la femme, ne sont inconnues à personne. Tout le monde sait quelle est sa condition. Elle se trouve placée dans la famille dans une position plus que subalterne. Quelquefois elle parvient à prendre le rang qui lui appartient, mais son autorité est une autorité des plus incertaines. Répondez-moi: Qu'est-ce pour vous que la femme? Quel est le rôle de celle qui vous a donné le jour, qui vous a entouré de tendres caresses, qui nuit et jour a veillé autour de votre berceau, qui a pressé son sein pour vous donner une nourriture que vos pleurs sollicitaient? Les sentiments de la reconnaissance ne sont-ils rien pour vous? En prenant une femme, avez-vous l'intention de prendre une compagne, une amie qui partage vos joies comme vos infortunes, et qui à un moment ne vous abandonnera pas lorsque vous serez malheureux? N'avez-vous jamais regardé comme iniques ces usages qui permettent à un père de vendre sa fille à un homme souvent inconnu? Vous qui êtes épris d'une jeune fille, vous qui avez su toucher ce cœur plein d'amour et de douces tendresses, vous qui dès l'enfance avez partagé peut-être ses pensées, ne regardez-vous pas avec un sentiment de haine et de terreur ce moment où, sans consulter sa volonté, ses aspirations, elle sera obligée de suivre un maître qu'elle ne servira que par crainte?

Il faut rompre avec ces usages, il faut les

abandonner, il faut enfin suivre les devoirs que la nature nous impose : il faut dès aujourd'hui que la parole du prophète s'accomplisse. — Lui-même s'était élevé contre ces abus, et dans une occasion solennelle, en voyant les cœurs endurcis de ses partisans, il leur dit ces paroles mémorables : Que le jour où les mœurs seraient complétement épurées serait le jour où ils n'auraient qu'une seule femme. Consultez le Coran : la préoccupation constante du prophète est de relever la condition de la femme; tout en maintenant l'autorité de l'époux, il lui ordonne d'être pour elle un protecteur plein d'égards. S'il a laissé subsister la polygamie, ce fut pour ne pas trop heurter les mœurs de l'Orient. Ne le voit-on pas souvent conseiller comme un acte louable de se borner à une seule compagne? Ses soins ne s'arrêtent pas là; après avoir relevé la femme comme épouse, il veut la relever comme mère : il veut que le respect du fils succède à la tendresse de l'époux. « Un fils, dit-il, gagne le paradis aux pieds de sa mère. »

Parlerai-je encore de quelques empêchements qui se réfèrent à l'âge, à la parenté, à l'alliance, à la puberté ? Les lois n'en auraient pas parlé, que la raison, l'expérience, suffiraient pour les imposer. On ne peut prendre femme qu'à l'âge de dix-huit ans révolus, et il faut que la femme ait complété sa quinzième année. Ces obligations s'appuient sur les causes les plus sérieuses. La perfectibilité physique se trouverait compromise s'il était permis à des personnes à peine affranchies de la stérilité et des faiblesses de l'enfance, de perpétuer dans des générations imparfaites leur propre débilité.

Que de fois le cœur ne se sent-il pas oppressé en voyant des femmes à peine âgées de trente ans atteintes des infirmités de la vieillesse, par suite d'abus faciles à deviner, qui arrêtent dans son essor le développement complet du corps.

C'est surtout en ce qui touche au mariage que les plus grandes différences ou oppositions peuvent se produire. Chez nous, le mariage est l'union de deux êtres formée dans le but de mettre en commun leur existence. Cette union doit être fondée sur la sympathie et un consentement réciproque, et elle entraîne des droits et des obligations durables. Chez l'Arabe, il n'en est pas de même, et leurs lois ne s'appuient pas même sur la religion ou sur la morale, mais se sont perpétuées malheureusement par suite de la faiblesse de leurs législateurs. Peut-être ces derniers en agissant ainsi songeaient-ils à un intérêt personnel et égoïste, et sacrifiaient-ils le bien général pour obéir aux caprices de leur fantaisie.

## V

Il était juste que les droits que conférait la naturalisation ajoutassent certains priviléges en raison de ce nouvel état des personnes.

Il était juste aussi que ceux qui étaient privés de la qualité de citoyen, fussent, à raison de cette infériorité de condition qu'ils acceptaient, éloignés de la jouissance de certains avantages. C'est donc en raison de sa soumission plus ou moins complète aux lois qui régissent notre nation, que le Français pourra voir grandir son ambition et espérer parvenir aux emplois élevés que la naturalisation et ses qualités lui donnent le moyen de solliciter. L'indigène, une fois sa personne complétée, pourra embrasser le noble métier des armes avec sa gloire et ses séductions, son généreux dévouement et ses sacrifices continuels. Grâce à son courage, à sa discipline, il pourra espérer parvenir aux plus hauts commandements et se voir chargé du dépôt de la force, ce dépôt sacré qui demande à n'être confié qu'à des hommes intelligents et d'une vertu éprouvée.

Il pourra être nommé à des fonctions et des emplois civils en Algérie. Toutes les carrières lui seront ouvertes et ses capacités seules suffiront pour qu'il puisse arriver aux plus hautes positions. Ses goûts, ses aspirations pourront choisir sans obstacles celles des carrières qui auront pour lui le plus d'attrait, et partout, dans les sciences comme dans les arts, il pourra acquérir une juste considération.

La naturalisation accorde encore d'être admis à jouir des droits de citoyen français et confère avec cette qualité toutes les aptitudes : d'être électeur, d'être éligible, de pouvoir être nommé aux conseils départementaux, d'être appelé à concourir à l'administration communale, de siéger au Corps législatif, de pouvoir faire partie du Sénat, enfin de participer à l'administration de son pays.

Les droits civiques ont déjà donné le droit de participer à l'exercice de la souveraineté par tous. Cette souveraineté est établie dans la main d'un seul, dont la majestueuse autorité doit être soumise à un sévère contrôle.

On le voit par cette énumération trop courte des bienfaits de la naturalisation, dont l'importance et les avantages ne ressortent que par une étude des plus attentives et quelquefois par suite d'une longue p·a-tique, il était nécessaire de ne point l'abandonner à une vaine formalité. L'État est intéressé à ce que ces faveurs ne soient point accordées à des hommes indignes. Quels dangers n'offriraient point pour la chose publique des naturalisations improvisées, incertaines dans leur avenir, passagères de leur nature! La naturalisation, ainsi que le dit un auteur, est un premier pacte avec l'administration du pays, qui peut seul en faire le principe d'un engagement sérieux. La raison d'État s'oppose à ce que, par suite d'une de ces mesures d'entraînement politique, la qualité de Français soit confiée à plusieurs milliers d'individus dont beaucoup, à raison de leurs habitudes cosmopolites, n'offrent aucune garantie.

C'est au chef de l'État qu'il appartient de statuer sur les demandes en naturalisation, mais la naturalisation ne peut être accordée qu'après une sévère enquête. Cette enquête administrative faite dans un intérêt national, comme aussi pour l'honneur même de la naturalisation, est relative à la moralité du postulant. Elle a pour but de s'assurer de ses antécédents, de sa conduite, de ses principes d'honneur.

Celui qui secourt son semblable dans le malheur, qui nourrit et élève les enfants de son ami mort dans la détresse;

Celui qui prête appui au vieillard;

Celui qui a toujours servi avec honneur

dans les armées ; qui a toujours été inspiré des idées d'ordre, de tolérance ;

Le Musulman qui suit les lois de l'hospitalité en donnant un asile au voyageur ou au pèlerin, perdu au milieu des plaines solitaires;

Le chef de tente, qui ne repousse pas sa femme infirme et accablée avant l'âge ;

Le commerçant qui a toujours conduit ses affaires avec honneur;

Le failli qui, avec le temps, a rempli ses engagements et obtenu la réhabilitation;

Le prêteur d'argent qui n'a point abusé de la position précaire de son semblable pour le ruiner par une demande exagérée de bénéfices ;

Voilà des titres certains et suffisants pour devenir citoyen français.

La France ne s'impose pas. Tout Français maître de ses droits est libre d'abdiquer. Le Français qui le serait malgré lui n'aurait pour sa patrie ni dévouement ni affection. On ne sert bien que ceux qu'on est maître de ne pas servir, et il est reconnu qu'on ne peut appartenir à deux nations différentes (1). La patrie n'est et ne peut être que le pays auquel on promet son concours pour l'élever au-dessus de tous les autres, l'on se doit à elle sans partage comme sans réserve.

En raison de cette unité d'obéissance, de

---

(1) L'Anglais qui a prêté serment comme sujet d'un état étranger ou qui a pris du service, ne perd pas sa qualité, en vertu de la maxime anglaise : *Nemo potest exuere patriam.* « Nul ne peut repousser sa patrie. »

domination, de lois, de patrie, à la faveur de laquelle les citoyens unis participent aux effets du droit de la nation, il fallait que la naturalisation fût librement consentie; il fallait aussi choisir une époque où l'homme est déjà libre de réfléchir et d'étudier avec quelque maturité les engagements solennels qu'il va prendre pour tout l'avenir. C'est pourquoi l'âge de 21 ans, qui est le moment de la majorité en France, a été consacré comme une garantie suffisante.

## VI

Cette loi est aussi précieuse pour les étrangers, et grand nombre d'Européens, que des intérêts ou des alliances rattachent à l'Algérie, verront avec satisfaction les avantages que le sénatus-consulte leur confère.

Cet acte est d'un caractère heureusement exceptionnel, et, tout en ayant pour but de favoriser des aspirations légitimes, il attirera de nombreux émigrants qui, par leurs travaux et leurs établissements, prêteront leur concours à la prospérité coloniale. C'est dans cette intention que de justes sévérités ont été restreintes. Trois années de résidence en Algérie suffiront désormais pour pouvoir être admis à jouir des droits de citoyen français. Il ressort, en effet, de l'exposé des motifs, qu'on a supprimé la formalité préalable de l'autorisation d'établir son domicile en France, que l'étranger devait avoir reçue avant de pouvoir obtenir la naturalisation.

« Dans l'intention du gouvernement, la « naturalisation que le sénatus-consulte a « pour objet de régler, ne doit pas être seu- « lement locale ou spéciale à l'Algérie, elle « doit s'étendre à la métropole et avoir ses « effets en France. »

Rarement les hommes se décident à émigrer vers les pays étrangers, si ce n'est pour améliorer leur condition ; une semblable participation à nos droits ne peut être que d'un salutaire effet, et montre de quelle protection le gouvernement désire entourer ceux qui viendront chercher une patrie plus clémente et se laisseront aller aux attraits d'institutions libérales. C'est surtout ce motif qui a principalement guidé les flots d'hommes qui sans cesse se dirigent vers le nouveau continent. Cette loi s'adresse aussi aux étrangers malheureux mais ardents, qui, trompés un jour dans leurs rêves et leurs aspirations et obligés de fuir, recherchent l'obscurité et le repos.

Des décrets organiques règleront plus tard les conditions d'admission de service et d'avancement dans les armées de terre et de mer, ainsi que les fonctions d'emplois civils auxquels les Musulmans et les indigènes israélites pourront être nommés en Algérie.

Tel est ce sénatus-consulte. Il paraît se rattacher à un grand ensemble de dispositions conçues dans le même sens. Car il ne peut produire d'effets réels et faire cesser les appréciations douteuses qu'il a soulevées, que s'il est suivi de nouvelles lois qui assimilent complétement et sans restriction aucune, l'Algérie à la métropole.

Parmi ces formes, que des décrets ultérieurs doivent établir, il serait heureux de faire revivre le serment civique. Tout en frappant, par la solennité qui entourerait cet acte, l'esprit du récipiendaire, elle l'avertirait de l'importance de ses engagements. Un fonctionnaire d'un ordre élevé, comme le préfet ou le président d'un tribunal, devrait être chargé de recevoir ce serment d'hommage et de fidélité, qui achèverait de compléter la personnalité du citoyen.

S'il m'était encore permis d'exprimer un vœu, il me semble que ce serait une heureuse innovation d'apporter quelque changement à la forme trop simple du serment judiciaire. L'esprit de la multitude a besoin d'être frappé, et on ne saurait entourer de trop de soins quelques pratiques de la loi dont le but serait d'ajouter une nouvelle garantie à la véracité des affirmations. En Suisse, lorsqu'un témoin est appelé à déposer son serment, dans une affaire correctionnelle ou criminelle, les juges et l'assemblée se lèvent, et, au milieu d'un silence attentif, tout le monde écoute la promesse religieuse qui doit être d'une si grande importance pour l'honneur et le sort de l'inculpé. Le serment civique existait déjà sous la république, et notre constitution, en l'exigeant de la part de nos fonctionnaires, prouve suffisamment combien, dans notre nation, la parole donnée doit avoir de poids pour la conduite à venir.

## VII.

Il ne sera pas inutile de montrer à quelles formalités rigoureuses sont astreints, en France, les étrangers qui veulent profiter de la naturalisation, et avec quelle faveur le nouveau sénatus-consulte s'est déclaré à l'égard des étrangers qui établiront leur domicile en Algérie. Il sera facile de juger la différence qui existe entre cette loi d'un caractère heureusement exceptionnel, et la loi commune adoptée en France à l'égard de l'impétrant.

Le Code distingue deux espèces de naturalisation, la naturalisation ordinaire et extraordinaire. Les formalités exigées par ces naturalisations sont réglées par les lois des 5 décembre 1849 et 7 février 1851. La naturalisation ordinaire se réfère aux étrangers qui habitent le territoire de la France, et qui sollicitent le privilége de faire partie de notre nation.

Trois conditions sont exigées.

1º Il faut qu'il ait vingt et un ans accomplis;

2º Qu'il ait obtenu du chef de l'État l'autorisation de s'établir en France ;

3º Qu'il y réside effectivement pendant dix ans. Ces dix ans ne commencent à courir qu'à compter du jour où il a obtenu l'autorisation d'y résider.

Lorsque ces trois conditions concourent, la naturalisation n'est pas encore acquise : l'étranger doit la demander au gouvernement, qui ne l'accorde qu'après une enquête sur sa moralité, et après avoir pris l'avis du Conseil d'État.

Quant à la naturalisation extraordinaire, la troisième formalité c'est-à-dire le stage de dix ans, n'est pas alors nécessaire comme dans la naturalisation ordinaire. Une seule année de résidence suffit. Ceux-là seulement peuvent l'obtenir qui ont rendu au pays des services importants. Une industrie utile importée à l'intérieur, quelque invention nouvelle, des talents distingués, la formation d'établissements considérables, sont des titres à invoquer, et qui peuvent attirer la sollicitude de l'État sur la personne de cet homme. Cette naturalisation, due au bienfait du souverain, est facultative, comme la naturalisation ordinaire pour le gouvernement, qui peut l'accorder ou la refuser, suivant qu'il le juge à propos.

L'examen préparatoire des naturalisations comme des modifications d'autorisation de domicile est confié à la section de législation et de justice. La délibération définitive est prise en assemblée générale du Conseil d'État, aux termes de l'article 13 du décret réglementaire du 30 janvier 1852. Mais avec la constitution actuelle, le Conseil d'État ne fait que proposer le décret impérial, qui seul statue, et qui peut être contraire, aussi bien que conforme à sa délibération. La constitution actuelle ne reconnaît dans aucun cas, à ce corps émané du gouvernement, le droit d'en gêner la pleine liberté.

## VIII.

Un aperçu général sur quelques législations étrangères suffira pour donner une idée de la naturalisation dans certaines contrées de l'Europe.

En Russie, il suffit de prêter serment entre les mains de l'Empereur pour acquérir la nationalité; mais une chose qui contraste singulièrement avec les mesures rigoureuses de ce pays où les sujets doivent demander une autorisation pour pouvoir voyager à l'étranger, les naturalisés peuvent en tout temps renoncer à leur naturalisation ou rentrer dans leur patrie.

Dans le royaume des Pays-Bas, d'après la loi fondamentale de 1815, c'est au roi lui-même qu'appartient le droit de conférer la naturalisation.

Quant à l'Autriche, la loi semble se rapprocher par quelques détails de notre législation sur cette matière. La nomination à des fonctions publiques fait bénéficier des droits de citoyen, et ce droit peut être aussi conféré directement par les autorités administratives supérieures. L'autorisation d'exercer une profession et la justification d'une résidence dans les États de l'empire est de toute nécessité. Par suite de l'organisation particulière de l'armée dans cette contrée, certaines personnes peuvent être appelées au service militaire et exercer des commandements sans cependant renoncer à leur nationalité. C'est ainsi que s'expliquent ces régiments commandés par des princes appartenant aux divers États de la Confédération germanique.

Les autorités administratives ont en Prusse le pouvoir d'accorder la naturalisation à l'étranger par cela seul qu'il justifie d'une bonne conduite et de moyens d'existence, sans condition de résidence antérieure; seulement il existe des dispositions particulières à l'égard des sujets d'un État faisant partie de la Confédération, des mineurs et autres personnes incapables. Il est regrettable qu'en Prusse, où les libertés civiles sont défendues avec tant de chaleur, de voir encore des rigueurs imposées aux Juifs ; leur conduite dans les tristes événements de la Pologne suffit pour montrer qu'ils sont dignes partout de participer aux droits de la nation qui les a vus naître.

Au terme de l'édit du 26 mai 1818, qui forme une annexe de la charte constitutionnelle de Bavière, le droit d'indigène s'acquiert par naturalisation, par décret royal, le Conseil d'Etat préalablement entendu, ou encore lorsqu'un étranger fixe son domicile dans le royaume, et justifie en même temps de sa libération du lien de sujétion personnelle qui l'attachait à un État étranger. — (Droit public de Bavière — Alloy.)

Dans le royaume de Wurtemberg, le titre de citoyen est également acquis à l'étranger par sa nomination à une fonction publique ou par son admission dans une commune.

Aux États-Unis, l'émigrant qui veut renoncer à sa nationalité doit se présenter à une autorité judiciaire et affirmer ses intentions en prêtant serment d'allégeance. Deux ans après cette déclaration, il peut obtenir sa naturalisation et faire partie de la république. — C'est au congrès général qu'il appartient de faire les lois sur la naturalisation, ce qui donne à cet acte un caractère de droit commun que n'ont pas toutes les lois des États-Unis.

Des noms à jamais célèbres ont dû au bienfait de la naturalisation le moyen de se produire, et parmi les grands hommes dont la France s'honore, beaucoup appartenaient à des familles étrangères. Ces hommes se sont toujours distingués par leur amour pour la patrie adoptive; la France leur en conservera un éternel souvenir et elle se félicite de les avoir reçus dans son sein. Qui sait ce que la Providence nous destine et qui eût jamais osé penser que le jour où la Corse était réunie à la France, naissait celui qui devait porter si haut les destinées de sa nouvelle patrie? Que cet exemple soit un but pour ceux qui voudront servir notre nation, car en servant la France, ils travailleront pour une noble cause, la cause de l'humanité. De plus en plus les peuples tendent à se rapprocher, à briser les inimitiés qui les divisaient depuis trop longtemps. Cette généreuse pensée grandit tous les jours et la France est la première à la tête de ce magnifique entraînement. Elle ne demande plus de victoires, de nouveaux trophées, et les portes du temple de la guerre sont fermées dès aujourd'hui. Grâce au concours d'hommes véritablement imposés, elle ne cherche à ceindre son front que de ces lauriers impérissables que les peuples lui donneront dans leur reconnaissance.

Quant à nous, colons français, nous n'oublierons jamais ce que fut pour nous la mère-patrie. Nous avons l'espoir que d'augustes promesses se réaliseront bientôt et que ces droits imprescriptibles que nous sollicitons si ardemment nous seront restitués, comme il convient à une main généreuse qui peut disposer de tant de trésors. La liberté est au fond de tous les cœurs et ne demande qu'à paraître. — Le bon sens suffira toujours pour la faire rentrer dans de sages limites.

# SÉNATUS-CONSULTE

## DU 5 JUILLET 1865

# SÉNATUS-CONSULTE DU 5 JUILLET 1865

sur l'état des personnes et la naturalisation en Algérie.

### Article premier.

L'indigène musulman est Français; néanmoins, il continue à être régi par la loi musulmane.

Il peut être admis à servir dans les armées de terre et de mer. Il peut être appelé à des fonctions et emplois civils en Algérie.

Il peut, sur sa demande, être admis à jouir des droits de citoyen français : dans ce cas, il est régi par les lois civiles et politiques de la France.

### ART. 2.

L'indigène israélite est Français ; néanmoins, il continue à être régi par son statut personnel.

Il peut être admis à servir dans les armées de terre et de mer. Il peut être appelé à des fonctions et emplois civils en Algérie.

Il peut, sur sa demande, être admis à jouir des droits de citoyen français : dans ce cas, il est régi par la loi française.

## ART. 3.

L'étranger qui justifie de trois années de résidence en Algérie, peut être admis à jouir de tous les droits de citoyen français.

## ART. 4.

La qualité de citoyen français ne peut être obtenue, conformément aux art. 1, 2, 3 du présent sénatus-consulte, qu'à l'âge de vingt et un ans accomplis; elle est conférée par décret impérial rendu en Conseil d'État.

## ART. 5.

Un règlement d'administration publique déterminera :

1° Les conditions d'admission, de service et d'avancement des indigènes musulmans et des indigènes israélites, dans les armées de terre et de mer ;

2° Les fonctions et emplois civils auxquels les indigènes israélites peuvent être appelés en Algérie ;

3° Les formes dans lesquelles seront instruites les demandes prévues par les art. 1, 2 et 3 du présent sénatus-consulte.

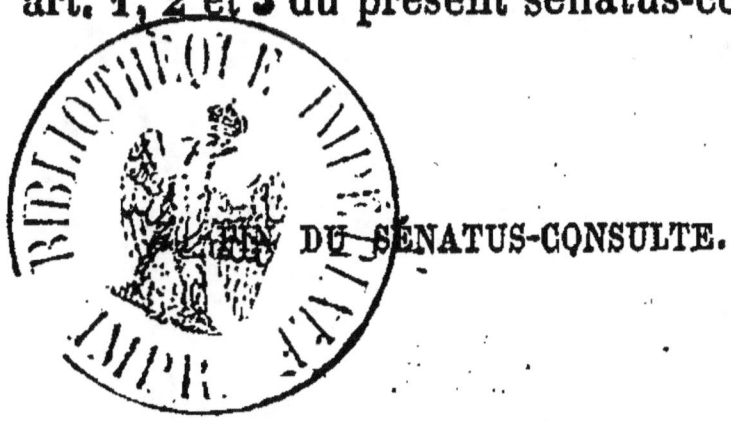

FIN DU SÉNATUS-CONSULTE.

---

Paris — Imprimerie Walder, rue Bonaparte, 44.

www.ingramcontent.com/pod-product-compliance
Lightning Source LLC
LaVergne TN
LVHW022114080426
835511LV00007B/819